¿Eres un Padre Entrenador?

Cómo ayudar a tu hijo en el mundo del fútbol

Paúl Fraga

A mi padre.

A Emilie.

A mi madre donde quiera que esté

ÍNDICE

1. PAPÁ, QUIERO JUGAR AL FÚTBOL

Para empezar te contaré una historia. No me acuerdo exactamente los años que tendría, alrededor de ocho o nueve. Quizás un poco menos. No lo sé. La cuestión es que era una fresca mañana de sábado e iba a jugar el primer partido oficial junto a mis compañeros del colegio. Y no era un simple partido, ¡era todo un torneo! Imagínate lo emocionados que podíamos estar.

Para empezar la noche anterior no pegué ni ojo. Aquello parecía la noche de Reyes. Esa misma mañana a duras penas pude desayunar algo. No paraba. Parecía que me había entrado el baile de San Vito. Oye, como si me hubiesen regalado una bicicleta. Mi madre no sabía muy bien qué meterme en la mochila. Al ser la primera vez no sabía si nos íbamos a duchar allí, en casa o directamente no nos íbamos a duchar. Esa era su única preocupación. ¡A ver si nos íbamos a resfriar! Bueno, le preocupaba eso y que no me hicieran daño, así que me metió en la bolsa unas espinilleras que eran más grandes que yo. Yo quería llevarlas puestas (molaba más) pero no me dejó.

Me puse el plumífero, pero sólo eso. De cintura para abajo iba muy deportista: con pantalones cortos y medias a medio subir. Tenía la carne de gallina del frío que tenía pero a mí me daba igual. Al final llegamos al colegio donde se jugaba el partido. ¡Qué emoción! Los padres que se encontraban allí se miraban los unos a los otros sin saber muy bien qué hacer. Nosotros a lo nuestro.

Por aquel entonces sólo nos iban a dar la camiseta. El resto lo tenía que traer cada uno de su casa. Salvo la parte de arriba, el resto de la equipación era muy colorida. Incluso me acuerdo de un compañero, cuyo nombre no te lo diré aquí por respeto, que creo que cogió los pantalones cortos de su hermana porque, sin exagerar, se paso desde que llegó hasta que terminó el partido sacándose el pantalón del culo. ¿Puedes ver la foto? No dejaba de correr mientras intentaba acomodarse el pantalón, por decirlo de una manera fina.

La cosa empezó bien…, si hubiésemos sido una bandada de pájaros. Más que jugadores de fútbol parecíamos golondrinas todos juntos en forma de flecha detrás de una pelota. Nosotros y los del equipo contrario. En los balones divididos aquello dejaba de ser fútbol para convertirse en rugby. Ocho chavales (era fútbol sala) encima del balón, y los porteros con ganas también de acudir. No sería por falta de ganas. Se mordían la lengua. Aquello eran verdaderas melés.

Como te decía todo iba bien. Estábamos disfrutando como verdaderos enanos que éramos. Todo nos daba igual. Nos lo estábamos pasando genial. Hasta que en un momento concreto el balón salió por la línea de banda. Los padres se desgañitaban gritando a mi compañero que iba a coger el balón para ponerlo otra vez en juego:

- ¡Saca de banda, saca de banda!, le gritaban

- ¡Venga hombre, saca de banda rápido!

Mi compañero, con el balón en las manos, les miraba a los padres impasible. Mientras, seguían los padres gritándole con la misma cantinela:

- ¡Saca de banda rápido!

Hasta que de repente mi compañero, que tenía el balón en las manos, se acerco a un padre de nuestro equipo para decirle…:

- Pero… ¿qué es la banda?

Sobran más comentarios. ¡Qué feliz es la ignorancia!

Como bien sabrás todo comienza con un: "Papá, quiero apuntarme al equipo de fútbol del cole". En ese mismo momento la petición la recibes con normalidad. De hecho, no deja de ser algo bueno. Al fin y al cabo el chaval quiere hacer deporte, y el fútbol es una actividad deportiva tan válida como otra cualquiera. En fin, habrá que apuntarle.

"Antes tendré que comentarlo con mi mujer", piensas. "Es también su hijo y algo tendrá que decir. No creo que haya problema, y si lo hay, ya encontraré la forma para convencerle. No será más difícil que cuando tuve que hacerlo para hacerme socio del club de fútbol de la ciudad. Aquello ya costó también".

- Oye hijo, antes de hablar con tu madre, dime, ¿cuándo suelen ser los partidos?, preguntas.

- Todos los fines de semana, contesta tu hijo.

- ¿Todos?, replicas.

- Sí, confirma él.

- Y, ¿a qué hora suelen ser los partidos?

- Por lo que nos dicen los mayores del cole los partidos se suelen jugar los sábados a las 9 de la mañana.

- ¿A las 9 de la mañana?, contestas como viéndolas venir.

- Sí. Casi siempre a las 9. ¿Me puedo apuntar?

Te entran sudores fríos. Toca dar el parte a la mujer. A ver cómo se cuenta esto. Fútbol todos los fines de semana, y a las 9 de la mañana. En invierno también. Eso no hace ninguna gracia. Mi mujer creo que va a estar de acuerdo con eso.

- Oye hijo, ¿y en invierno también, no?

- Sí.

"Bueno, parece que se acabó el esquí", piensas para tus adentros. "Los fines de semana en casa de mis padres, o en la de mis suegros, parece que también llegan a su fin. Voy a echar de menos las copas de los viernes con los amigos. A mi mujer eso no le va a gustar. Habrá que irse a casa después del café. Al día siguiente hay que madrugar. Todo sea por el chaval".

- Cariño, el chaval me ha pedido apuntarse al equipo de fútbol.

- Vale, pues muy bien, contesta ella.

- Es que quería que supieras que los partidos son el sábado o el domingo a las 9 de la mañana. Y en invierno también, le espetas tú.

- ¿Cómo que los críos con esa edad juegan a las 9 de la mañana, invierno incluido?, te pregunta ella sorprendida con cara de que no me gusta nada lo que acabo de oír.

- Sí. Así es. Y juegan todos los fines de semana.

Un simple deseo del chaval y la rutina de fin de semana patas arriba. Toda la familia condicionada por el fútbol. A partir de ahí viene todo lo demás. Hace falta comprar material. Que si botas, que si espinilleras, medias, pantalones, camisetas, bolsa,... Ya está. Ya tiene todo lo necesario. Ahora toca ponerse en marcha.

Tú junto a los demás padres os acercáis al colegio para poder hablar con los responsables de la sección de fútbol. Les hacéis las preguntas necesarias para recibir como contestación todo aquello que vuestros hijos ya os habían adelantado. Se confirman los peores presagios.

En esa pequeña reunión inicial informativa están los entrenadores, los chavales (equipados hasta los dientes con espinilleras que duplican el tamaño de su tibia, e inquietos como si de la víspera de Reyes se tratara) y vosotros los padres que os miráis entre vosotros igual que la vaca al tren. Nadie dice nada porque nadie sabe nada. Simplemente escucháis. Escucháis y pensáis, "¿de verdad habrá que levantarse a las siete de la mañana para que el crío juegue a las nueve debidamente desayunado y con la digestión hecha? Que Dios nos pille confesados. En buen momento se le ocurrió jugar al fútbol"

2. COMIENZA EL JUEGO

Dos de noviembre. Sábado. Seis cuarenta y cinco de la mañana. Suena el despertador.

- No puede ser, exclama tu mujer.

Se acabó lo que se daba. Hay que preparar el desayuno y despertar al chaval. Hace un frío terrible. Todavía es de noche y están las calles por poner. Han quedado todos en el campo donde se juega el partido una hora antes de que comience. Esto es, a las ocho. El campo está a 60km. Casi no da tiempo a ducharse ni a desayunar de forma adecuada.

Tras desayunar y parapetar al niño contra el frío, eso sí, en pantalón corto y fardando de espinilleras, os dirigís hacia el campo. Comienza la odisea.

Cuando llegáis, el niño sale despavorido hacia el corro donde están sus amigos. Vosotros, todavía con legañas, os miráis los unos a los otros como diciendo qué hacemos aquí a esta hora. Pero algo habrá que hacer. Son las ocho y todavía queda una hora para empezar el partido.

Tras desperezaros un poco oteáis el horizonte en busca de algún lugar al que ir. A esas horas de la mañana sólo están abiertos un par de bares de los que dan desayunos. "Un "cafelito" bien caliente entrará muy bien", os decís. Para no pasar mucha vergüenza por el qué dirán, elegís un bar donde ya hay algún alma de cántaro. Queréis tomar el café lo más desapercibidos posible. No queréis que nadie os pueda sacar cantares por el día y lo temprano de la hora.

Los padres empezáis a hablar entre vosotros. La primera conversación no puede girar más que en torno al madrugón y al frío. Nadie entiende nada. Estáis ahí porque a vuestros hijos les ha dado por jugar al fútbol. Nadie sabe si lo hacen bien, mal o todo lo contrario. Ni la más mínima idea. Hoy será la primera vez que les veáis jugar.

Llega la hora del partido. Los padres os separáis en dos grupos. Por un lado, tenemos a las madres. Por otro, estáis los padres. Las madres no hacen más que quejarse del frío que hace y de la hora intempestiva. Todas con miedo de que sus hijos se acatarren o, peor aún, se cojan una pulmonía. El fútbol es lo de menos. "Lo importante es que los chavales se diviertan haciendo deporte", dicen.

Los padres estáis más a la expectativa. No os habláis demasiado. Todavía no tenéis mucha confianza y, además, existe cierta tensión. Todos estáis deseosos de sentiros orgullosos de vuestros hijos. Pero no lo estáis porque todavía no los habéis visto jugar. Y eso genera una ansiedad inquietante. En estos momentos ya os habéis olvidado del frío. La ansiedad puede más. "Hijo, haz que me sienta orgulloso de ti", pensáis muchos para vuestros adentros. Hay muchas dudas de lo que vais a ver.

3. PRIMERAS PATADAS AL BALÓN

Un joven lo suficientemente "loco" para hacer de árbitro a esas horas, y de no más de quince años, da el pitido inicial. Comienza el partido en el campo…, y fuera de él.

Aquello no es un partido de fútbol. Eso es como una bandada de pájaros en plena emigración yendo detrás del balón de un lado a otro. Las madres animan. Son sus niños. Si son mejores o peores es indiferente. En la bancada de los padres es otra cosa. Se ven las primeras sonrisas…, y los primeros gestos torcidos. Todo depende de lo que veáis y a qué jugador se lo veáis.

Desde un primer momento se empieza a intuir en el terreno de juego quien tiene bastantes condiciones, algunas condiciones o directamente ninguna condición. No hace falta mucho tiempo para darse cuenta. Un par de toques de balón son suficientes para saber si un chaval tiene idea y coordinación.

Ya ha empezado la competición. Pero ha comenzado fuera del campo. En las gradas. Ya no sois todos los padres iguales. Ahora sois el padre del bueno, el padre de la estrella, el padre del malo y el padre del que no juega. Todos padres y todos vosotros con vuestro orgullo. A todo esto, las madres siguen gritando y animando. Más preocupadas de que sus hijos no se hagan daño que de otra cosa. Perfectamente comprensible, por otro lado.

Los padres ya habéis disipado vuestras dudas. Ya sabéis lo que hay. Ahora ya todo el mundo saca soterradamente el orgullo propio a relucir. Nunca de forma evidente. Pero sí de soslayo.

El partido se ha comenzado a jugar en la bancada paterna. Ni siquiera en el campo. Los chavales juegan como si se encontrasen en el recreo del colegio. En el terreno de juego sólo hay miradas limpias, sonrisas y disfrute. Es la trastienda paternal la que empieza a aflorar.

Los críos sólo acaban de empezar a jugar pero eso ya es suficiente para que vosotros los padres, o bien mantengáis serenamente el orgullo, o bien lo incrementéis poderosamente o directamente veáis que se resquebraja dando lugar a una especie de pseudo-vergüenza. Todo por lo que veis y la interpretación, comparativamente hablando, de aquello que veis. La objetividad deja de existir ya y deja paso a la subjetividad. De hecho, la objetividad nunca ha existido a este respecto. Sólo la subjetividad. Porque somos sujetos. Los niños, a todo esto, en el campo, a lo suyo.

Termina el partido. Ya nada es igual. Ya se han creado nuevos "mapas mentales". Uno por padre. Lo que se ha visto importa, pero importa mucho más la interpretación que cada uno haya hecho de lo que ha visto. Ya tenemos caldo de cultivo. ¿Por qué? Porque cada padre en su mapa mental particular ya tenéis estipuladas cuáles son vuestras verdades más absolutas. Verdades subjetivas pero que cada uno de vosotros creéis que son ciencia objetiva. "Mi hijo es bueno. Y punto". "Si no ha jugado bien es porque no le pasan, o directamente el entrenador no confía en él. Le tiene manía". "¿Por qué a ese no le ha quitado y le ha quitado al mío? No es justo. Ese chico no ha hecho nada".

Ya se sabe. Dame un interés o un objetivo y yo te daré razones que lo justifiquen. El orgullo es inversamente proporcional a la autocrítica. En el fútbol no existen verdades absolutas. Todo es opinable. Y la opinión es un filtro. Es como un software que recibe información del exterior, un "input", y que a continuación la procesa. Y lo hace en función de cómo se haya programado el "software de la opinión". A partir de ahí sale un "output", y es ese output el que luego se expresa y que puede coincidir o no con las creencias de los demás.

De ahí surgirán múltiples discusiones. Son disputas que se deben a que cada padre tiene su realidad, e intenta que el resto tenga la misma. Y eso no es posible. Cada padre tiene su propia realidad porque tiene sus propios intereses en función de sus objetivos y pasiones. Todo parte del "es mi niño" y a partir de ahí cada uno crea su escenario, el software que va a procesar de ahí en adelante todo lo que pase, en general, y le pase a su hijo, en particular, en relación al fútbol. Siempre ha ocurrido eso y siempre ocurrirá.

Los niños salen del vestuario. Todos con una sonrisa. Habrá alguno que salga refunfuñando por el resultado pero, por lo general, todos contentos. Cada uno de ellos buscando a sus respectivos padres en busca de los primeros signos de aprobación, de las primeras palabras de apoyo, de reconocimiento. Esa es la primera prueba de fuego.

Ahí está la primera disyuntiva de un padre. Por un lado, es tu hijo y le quieres, pero el padre ya tiene el juicio contaminado por efecto de la comparación. El niño no ha jugado solo. Ha jugado con más gente. El padre soltará un: "Muy bien hijo. Has estado muy bien. ¿Te has divertido?"

Y el niño contestará que sí mientras se come un bocadillo de chocolate y se bebe una Coca Cola. Pero a juicio de su padre le ha dicho a su hijo una verdad a medias. O una mentira piadosa. Le ha dicho lo que quiere oír, pero el padre sabe muy bien lo que ha visto. Si su hijo no es de primer nivel empezará una carrera sin fin en la cabeza del padre, que no es otra carrera que aquella en la que permanentemente querrá adaptar la realidad de los hechos a sus deseos. Lo que provocará que caiga de forma continuada en un ejercicio de tergiversación. Un escenario perpetuo de autoengaño. Un autoengaño disfrazado de realidad. Siempre verá los hechos bajo la lupa de su software, de su realidad subjetiva. Por eso esa realidad será falsa. Está afectada por el deseo. Como padres ya habéis perdido la perspectiva objetiva propia de la atalaya y habéis bajado al "barro" subjetivo. Lo único que ha pasado entre una situación y otra es la aparición de unos mismos hechos afectados por distintas emociones. Tantas como relaciones paterno filiales hay.

A partir de la "foto de conjunto" del partido anterior, de lo visto en definitiva, los padres, principalmente el padre, comienza un proceso de "lluvia fina" con su hijo. Es decir, le va hablando y soltando escalonadamente una serie de cuestiones e ideas relativas a él, a sus compañeros, al entrenador o al equipo. Es una especie de intoxicación mental gradual aunque bienintencionada del chaval: "¿Por qué te puso de defensa el entrenador? Tú eres delantero.

¿Se lo pediste tú?" "¿Por qué fuiste suplente? Tú eres mucho mejor que cualquiera de tu equipo". "He visto hijo que hay algún compañero que no te pasa. Es un "chupón". Sólo quiere marcar gol él". Y así continuamente. Qué duda cabe de que se trata de una actitud bienintencionada pero lo cierto es que van introduciendo en la mente de sus hijos apreciaciones subjetivas disfrazadas de verdades absolutas. Los hijos a esa edad tan temprana os consideran verdaderos referentes con lo que aceptan cualquier valoración que les hagáis. Con diez u once años no tienen espíritu crítico y carecen, por tanto de barreras de entrada que impidan cualquier tipo de contaminación mental.

Los padres, inconscientemente y con la loable intención de ayudar a vuestros hijos, comenzáis a guiar sus conductas en lo referente a ellos y el fútbol bajo los juicios de valor y muchos padres empiezan a perder la perspectiva. Aunque siempre lo es, más si cabe en este caso concreto: lo más importante es que lo importante sea lo realmente importante. Los chavales a estas edades sólo quieren jugar al fútbol con sus amigos. Sólo eso. Todo lo demás sobra.

Llega el segundo día de partido. Esta vez a las nueve y media, y a treinta kilómetros de casa. Vamos avanzando. Sigue haciendo frío. Como siempre, plumífero, jersey, dos camisetas, gorro y escafandra. Sin embargo, pantalones cortos con las medias, las espinilleras y las botas. Eso no cambia. Pero lo que sí ha cambiado es la predisposición con la que padre e hijo vais a este segundo partido.

En el primero, tú como padre estabas a verlas venir. No tenías ninguna valoración que hacer al respecto porque desconocías lo que te ibas a encontrar. Por su parte, tu hijo afrontaba el compromiso con la ilusión y ansiedad propia del que desconoce lo que le espera pero con el convencimiento de que le va a gustar.

Para este segundo partido algo ha cambiado. Durante el trayecto esta vez padre e hijo ya no estáis en silencio. El niño, en lugar de ir con una mentalidad virgen al partido, tiene ya una versión de bajo coste de tu mapa mental. Ya se han ido posicionando tus las opiniones y ya puede ir creando su propio filtro por el que pasar la realidad. A partir de ese momento ya nada será exactamente igual.

Llegáis al campo. Es posible que esta vez tu mujer y tu otra hija ya se hayan quedado en casa. No existe la curiosidad del principio, saben lo que hay y sopesan pros y contras. El niño se baja del coche y corre hacia sus amigos. Los padres, por su parte, comenzáis vuestro peregrinaje hacia el bar. En esta ocasión sí que habláis. Lo hacéis tímidamente pero empezáis a compartir valoraciones. "Oye, tu hijo le pega bien al balón, eh. Se le notan cualidades". "¿Tu hijo qué tal?, ¿contento?", pregunta uno. "Bueno, sí, aunque él es delantero y le pusieron de defensa", contesta. Son momentos de calma tensa. De confirmación de criterios personales. Se contrastan opiniones. Si tal padre opina lo mismo que yo, sabe de fútbol. Todo lo contrario si no comparte mi punto de vista. ¿Habla bien de mi hijo? Si lo hace, tiene criterio, si no… Comienzan a crearse fobias y filias. Comienza el "etiquetado" particular. Recordemos que cada padre asume su opinión como una verdad absoluta. Pero al ser todo opinable, todo son diferentes verdades.

Para el momento en el que se pagan los cafés, cada padre habréis ya catalogado perfectamente cada "pack" padre-hijo. Habréis asociado subjetivamente patrones de comportamiento y aptitud. "El hijo es muy malo y el padre lo justifica diciendo que no le han puesto en su sitio. No sabe nada de fútbol", o, "Su hijo tiene maneras pero no me ha gustado nada la sonrisa que ha puesto. Se lo tiene un poco creído". Y así todos con todos.

Siempre existe un padre que por timidez o prudencia siempre permanece más callado. Se limita a escuchar y a sacar conclusiones. Posiblemente su hijo no sirva para jugar al fútbol. Quizás, al igual que el resto de sus compañeros, se habrá apuntado para pasarlo bien y compartir tiempo con sus amigos. Sin embargo, a un padre no le resulta del todo agradable ver cómo su hijo destaca por no dar el nivel mínimo. ¿O no? No deja de ser doloroso. Es necesario tener mucha perspectiva, una gran autoestima y saber desdramatizar para no verse envuelto en la vorágine de sensaciones. Para nadie es agradable que queden patentes a ojos de los demás las limitaciones de tus seres queridos. Más si cabe si se trata de tu hijo de diez años. Al padre todo eso le hace sentir mal, y, desafortunadamente, acabará asociando el desempeño de su hijo dentro del campo con su malestar interior personal. Y esa es una situación peligrosa.

Ante tal escenario, al padre sólo le quedan dos posibilidades. Por un lado, siempre existe la posibilidad de decirle a tu hijo la verdad. Que no vale. Que se dedique a otro deporte en el que también disfrutar. Pero piensas, ¿cómo le puedes decir eso a tu hijo? ¡Él quiere estar con sus amigos! Disfrutar con ellos haciendo deporte. Un padre no puede privar a su hijo de ese deseo. Juega al fútbol de forma desinteresada y se lo pasa bien. ¿Qué más puede pedir un padre? Pues no tener que verlo y poder hacer caso omiso a las valoraciones del resto de padres y que tanto dolor provocan. O el más difícil todavía. Volverse inmune ante todo lo que le rodea. Eso requiere una ardua labor de entrenamiento.

Por otro lado, siendo consciente de que no puede decirle a su hijo que aquello no es lo suyo, no queda otra que mejorar el rendimiento de su hijo. Ya tenemos, por tanto, al primer padre entrenador. A partir de ese mismo momento todas las valoraciones estarán absolutamente sesgadas. Todo estará conducido a que el chaval mejore, rompa, en el mejor sentido de palabra.

En un proceso de autoengaño sistemático, el padre despotricará del entrenador por no saber sacar del niño el rendimiento que sólo su propio padre cree que tiene. Empezamos a oír en los partidos aquello de: "Hijo, no le hagas caso a tu entrenador. No sabe. Tú juega por la banda". "Pasa el balón a este o al otro jugador". "En cuanto tengas ocasión dispara a puerta". Se entra así en una espiral autodestructiva donde el padre proyecta sus frustraciones, anhelos, deseos y complejos en el propio chaval. Donde el espíritu autocrítico brilla por su ausencia. Ya se sabe que la culpa siempre es del otro. El chaval es bueno porque lo digo yo, y si no se ve así es porque todo el mundo se ha alienado para que no lo parezca.

El crío, en el campo, absorto. No entiende nada de lo que ve y escucha. De hecho no sabe a quién hacer caso. Por un lado está el entrenador diciéndole una cosa, y por otro su padre hablando sin parar diciéndole qué debe y qué no debe hacer y, además, hablando mal del entrenador.

A todas luces padre e hijo están viviendo realidades diferentes. No existe congruencia entre lo que el hijo busca con la práctica del deporte y lo que está percibiendo de su padre. El hijo no entiende sus reacciones y su actitud. No existe ninguna relación de causalidad entre lo que él como hijo siente y busca jugando al fútbol con sus amigos y la actitud que está teniendo su padre. Y eso descoloca. El chaval no entiende nada. Y es que la diferencia sustancial está en que mientras el comportamiento del hijo se fundamenta en pasarlo bien, el del padre radica en el interés por deshacerse de su malestar interior y de las frustraciones personales. El hijo tiene una motivación positiva simple para hacer lo que hace, y el padre tiene una motivación negativa compleja.

Esta situación, que es complicada, tiene más capítulos. Existen más partidos y se juegan todos en casa. En casa de cada chaval. Cada uno con sus padres. Todos opináis y todos sacáis conclusiones. El padre del chico bueno, le regala los oídos a su hijo victima de la emoción. Ya proyecta un futuro prometedor. Al hijo le da igual. Es halagador pero tampoco le da mucha más importancia. Su interés es otro. Posiblemente su padre, viendo las buenas cualidades de su hijo, le hablará con displicencia del chico malo. Además, posiblemente en un sentido peyorativo. Al hijo, que ronda por allí y que no puede escapar, obviamente, de su casa, le van calando las ideas que va escuchando (lluvia fina). El padre comienza a convertirse en su generador de opinión.

Eso sucede en cada casa. En la tuya también. También sucedió en la mía. Da igual si es en casa del niño bueno o del niño malo. El comportamiento es el mismo. Lo único que cambia es el mensaje.

Van pasando los partidos, y lo que originariamente eran un grupo de niños con mentalidad virginal acaba convirtiéndose a medida que pasa el tiempo en un grupo de chicos con realidades diferentes. Con sesgos. Entretanto el entrenador intentando hacer equipo, aglutinando intereses. Unos intereses que a medida que ha ido pasando el tiempo se han ido dispersando. De hecho empiezan a aparecer ya las primeras figuras disidentes. Y estamos hablando de niños. Merece una reflexión, ¿no te parece?

Pero ahí no queda todo. Empiezan a surgir las envidias. Los defensores y los detractores. Los grupitos. Los estás conmigo o contra mí. El dolor interno, que en un primer momento sólo tenía el padre al darse de bruces con la realidad de que su hijo no vale para el fútbol, se ha transmitido irremediablemente al hijo. Las emociones funcionan como la teoría de los vasos comunicantes. Es una semilla que se planta en la mente (valoración subjetiva del padre), se riega (repetición sistemática del mismo mensaje: lluvia fina) y que termina por crecer (el niño acaba por construirse una idea parcial en función de lo que ha escuchado de su padre que es su principal generador de opinión).

Al chaval no se le ha dicho la verdad (que no vale para eso) para evitar herirle. Con lo cual el padre le transmite que no es él, sino que son las circunstancias las que no son las adecuadas (compañeros, entrenador, manías, posiciones en el campo erróneas, etc.). Se pretende ocultar la realidad lanzando el mensaje equivocado al niño. Aunque se trate de un mensaje bienintencionado. Esto obliga al padre a adaptar la realidad objetiva a su realidad. Una realidad que no es otra que la que lanza en su mensaje. Para conseguir tal fin, no escatimará ningún esfuerzo en dirigir partidos desde la banda, desautorizando al entrenador y a todo aquel susceptible de mostrarle a su hijo la verdadera realidad. Entiendo que el objetivo último es actuar como un escudo protector, pero el dolor no se evita, sólo se posterga.

Como consecuencia el niño se hace una composición de lugar falsa que, a su vez, le genera un mapa mental que no le llevará a ningún lado, en lo que a fútbol se refiere. El niño acabará dándose cuenta de sus limitaciones por sí mismo. Sin embargo, por el camino ya habrá experimentado algún que otro episodio de frustración. Einstein a este respecto decía: "Si a un pez que nada le pones a trepar un árbol, pensará toda su vida que es un inútil". Es el propio ego y la intención de adaptar la realidad a tus creencias lo que hace que las personas sigan trepando y no nadando.

Se siguen jugando más partidos. Cada padre y cada hijo os habéis creado vuestros propios mapas mentales en función de las prioridades de cada uno. Los partidos de fútbol ya se han convertido en un partido de dos caras. Por un lado están aquellos que no reúnen las condiciones necesarias, aquellos que se vislumbra no van a tener un futuro en este deporte. Y por otro lado, están los que potencialmente podrían dedicarse a esto. No voy a entrar en si se dedicarán a eso o no porque depende de multitud de variables y, además, éste no es el objetivo que te pretendo transmitir en este libro. Quizás en otro.

En el primer grupo, los padres dirigen desde la banda todo lo habido y por haber para intentar adaptar realidades y así también buscar excusas y justificaciones. Los hay que gritan, que chillan, y que se quejan a voz en grito. Pero también los hay que no dicen nada. Que están en silencio. ¿Te reconoces en algún grupo? En las dos situaciones el dolor interno que un padre experimenta es doble. Por un lado, por ver de manera patente la falta de condiciones de su hijo (aunque no pasa absolutamente nada. Simplemente el fútbol no es lo suyo y ya está. No es nada grave). Y por otro la envidia. Envidia de que su hijo no sea como el que destaca, o los que destacan. Y ya sabemos que el ego no puede soportar eso. El ego actúa de dos maneras. Intenta sobresalir cuando es consciente de su capacidad, e intenta equipararse al resto cuando no da el nivel. Por tanto, en este último caso intentará menospreciar las actitudes del que sobresale por arriba (es decir, otra vez intentará adaptar la realidad a sus deseos) para buscar un punto de equilibrio en el que también se pueda comparar su hijo. Es como el hecho de ser millonario. Lo puedes ser porque ingresas mucho (destacas por arriba) o porque gastas poco (buscas el equilibrio por abajo).

"Los hombres pueden soportar que se elogie a los demás mientras crean que las acciones elogiadas pueden ser ejecutadas también por ellos; pero en caso contrario sienten envidia" Tucídides.

Entre estos padres existen los que, como ya se ha dicho, permanecen en silencio. El hecho de que permanezcan sin decir nada no quiere decir que no actúen conforme a lo explicado. La única diferencia es que no lo explicitan en forma de "padre entrenador". Simplemente lo rumian por dentro. Distintas respuestas ante las mismas realidades. Pero el sentimiento de insatisfacción interior es el mismo. Y la envidia que tienen incluso puede ser muy superior. **El silencio del envidioso está lleno de ruidos.**

Son esos ruidos los que se manifiestan en aquellos que exteriorizan sus sentimientos. Hasta el punto de mostrarse en forma de indignación.

"La indignación moral no es más que envidia con aureola". George Herbert

Sin embargo, aquellos padres con niños que atesoran condiciones no se libran de la insatisfacción. Hasta el momento ese malestar interno era motivado por interpretaciones personales, a lo sumo por comentarios de sus iguales, es decir, el resto de padres. La cosa cambia a medida que los niños cumplen años y van subiendo categorías. Lo que antes eran interpretaciones particulares empiezan a ser interpretaciones de terceros, ajenos al entorno del joven futbolista. Aparecen en escena los ojeadores de clubes, los seleccionadores territoriales, etc.

Para ese momento, aquellos chavales que no reunían las condiciones necesarias ya han sufrido el desengaño de darse cuenta de la verdadera realidad. **A medida que cumplimos años vamos siendo más conscientes de nuestras propias limitaciones. Vamos configurando un criterio propio. Y llega un momento en el que de *motu proprio* buscamos congruencia entre lo que somos y lo que se nos ha dicho que éramos.** Y las miradas se tornan hacia nuestros padres habitualmente.

Es entonces cuando ponemos en solfa muchas de las cosas que hemos escuchado. Al final, algunos padres, con el objetivo de no hacer daño, tergiversan el entorno de sus hijos para demorar el daño a la autoestima, para que al final sean sus propios hijos los que se den cuenta de las cosas. Entonces llega el desengaño. Pero no todo es malo. El desengaño se supera y, lo que es mejor, cuando uno es consciente de su condición disfruta enormemente del deporte que sea, si de verdad le gusta, a pesar de las limitaciones. Volvemos a lo que un día fue el fútbol. Ese primer día de partido. Ese dos de noviembre de hace cinco años. Feliz ignorancia.

La figura del "padre entrenador" permanece. Sólo cambian los intérpretes. Con la aparición de esos terceros de opinión cualificada ya no existe ese desglose de buenos y malos. Y si existe, ya no preocupa. Lo que sí empieza a intranquilizar es la decisión entre buenos y mejores. A esas edades y en esos equipos colegiales, o de barrio, empieza a importar menos lo que diga el entrenador y más lo que piensan esas figuras de opinión cualificada. Entonces la historia se repite. Los comentarios que se escuchan en el ambiente empiezan a doler. **No hay nada más doloroso que la comparación.** Y si es entre jugadores de nivel todavía peor. Lo que antes eran parabienes porque en la comparación salías vencedor ahora son inquietudes. "¿Qué opinará de mi hijo?" "¿Le gustará?" "¿Le querrán fichar?" Igual prefieren a este otro que también es bueno y no a mi hijo" "¿Cómo le puede gustar ese? Mi hijo es mejor".

Como podemos ver, volvemos a lo mismo. Cambia el contexto pero no el contenido. Se ven afectados los bajos instintos y éstos afloran. Hasta tal punto de que **el bienestar emocional del padre respecto al fútbol y el desempeño de su hijo está íntimamente ligado a la opinión de un tercero.** Ya no es una cuestión de capacidad. Ahora es una cuestión de elección, de que te elijan a ti y no a otro. Ese es el objetivo. Y hacia ahí irá encaminado el comportamiento del padre respecto a todo lo que rodea a su hijo futbolísticamente hablando. Ese comportamiento genera estrés provocado por la incertidumbre. Uno es consciente de que no tiene todo bajo su control. Y el ser humano aborrece la incertidumbre. No soporta no saber qué va a pasar. Y si no se tiene control emocional empiezan a aparecer los padres en la banda poniendo a caer de un burro a entrenador y compañeros, aunque sea entre dientes. Ya se sabe que **la envidia no sonríe, hace muecas.**

Ese desasosiego también se transmite, y lo hace fundamentalmente al chaval. Se le carga con una responsabilidad que no le corresponde tener.

Al igual que en el desglose "bueno y malo", en el desglose "bueno y mejor" todo se reduce a la comparación. El ser humano no tolera la comparación. Sólo lo hace si la gana. A partir de ahí viene todo lo demás. También el autoengaño.

"La grandeza inspira envidia, la envidia engendra rencor, el rencor produce mentiras". Joanne Kathleen Rowling.

El tiempo todo lo cura y de forma abracadabrante lo que en un principio era desasosiego y producía cierto desvelo, acaba por convertirse en comprensión de la situación. Es un acto de auto-acomodo. El ser humano no puede estar incómodo de forma permanente. Instintivamente el cuerpo humano busca su propio bienestar, y éste pasa por asumir la realidad objetiva, no la convenida.

Es así que los padres acaban por asumir las decisiones que toman terceros y que, a través de la figura de sus hijos, directamente les atañen. Ya no existen ganas de modificar nada. Simplemente se empieza a asumir las cosas tal y como vienen. Es sintomático que a medida que las cosas se van clarificando, a medida que se va viendo negro sobre blanco, la actividad de banda, de entrenador, de los padres decrece. La situación más o menos se normaliza. Ya no quedan expectativas que cumplir. Ya no aparecen intereses particulares por el camino. El futuro es hoy. Ya nada sorprende. Los hijos tienen las condiciones que tienen y las decisiones ajenas ya están tomadas. Luego ya sólo queda disfrutar del camino. Tranquilamente. Volvemos al inicio. A lo que nunca debió dejar de ser. ¡A jugar!

4. <u>CUESTIONES A TENER EN CUENTA</u>

Soy consciente de que todo lo que voy a decir a continuación puede parecerte muy difícil de llevar a cabo. Es cierto que puede llegar a serlo. En estas líneas lo único que pretendo es apostillar una serie de cuestiones que entiendo te pueden ser de ayuda. El éxito a este efecto está estrechamente relacionado con la reflexión. A priori es muy complicado controlar el pronto, sin embargo sí que es interesante que seas consciente de lo que ha pasado y te está pasando y poner freno, de esta forma, a los impulsos que en cada momento tú como padre puedas llegar a tener.

En primer lugar, si quieres ayudar a tu hijo en estas cuestiones tienes que *romper cualquier tipo de apego emocional*. Gran parte de la problemática que existe entre los "padres entrenadores" y sus hijos viene motivada por el alto grado de vulnerabilidad de los padres. El apego emocional produce dependencia, y ésta, a su vez, vulnerabilidad. Ciertos padres idealizan el comportamiento deportivo de sus hijos y cuando no se cumplen sus expectativas se sienten desencantados, y por lo tanto heridos. Lo que provoca una paulatina contaminación del hijo con el único objetivo de aliviar su propio dolor. Los padres son víctimas de la expectativa. Ya es sabido que la ilusión es hija de la expectativa y hermana de la frustración.

En segundo lugar, tienes que tener claro cuál es el *contexto y mantener el foco*. No olvides que todo empieza porque el chaval quiere jugar al fútbol con sus amigos. Todo lo demás, lo que se crea alrededor no deja de ser, en sentido figurado, películas de ciencia ficción y con efectos especiales. Son realidades y sentimientos creados artificialmente. A partir de consideraciones subjetivas. La realidad es otra y responde a otras cuestiones. **No olvides que se sufre más por lo que se imagina que por lo que realmente pasa.**

En tercer lugar, *control de la distracción*. Tiene mucho que ver con el punto anterior. La falta de seguridad en uno mismo fomenta que aceptemos opiniones ajenas, de terceros como verdades absolutas y que condicionan nuestro comportamiento y nuestros comentarios con nuestros hijos.

En cuarto lugar, *no prestes atención a aquellas cuestiones que se escapan a tu control.*

En quinto lugar, *fortaleza mental* para llevar todo lo anterior a cabo. Las condiciones futbolísticas de cada uno se pueden pulir pero no se pueden crear. Son las que son. Acéptalo. Pero tener condiciones es cuestión necesaria pero no suficiente. Más veces de las que el común de los mortales puede llegar a pensar la diferencia está en la cabeza. En cómo afrontamos los retos que se nos plantean. No desviarse del camino trazado. No atender a nada que no aporte el más mínimo valor.

5. <u>CONCLUSIONES</u>

Desconozco si como lector te has sentido de alguna u otra forma identificado con todo lo que acabas de leer. Si no es el caso, enhorabuena, estás haciendo lo conveniente. Si por el contrario te has visto reflejado en algún pasaje del libro, tranquilo, no pasa nada. Ya has visto que tiene solución. No te preocupes.

He querido escribir estas líneas, porque creo que pueden ser de ayuda a muchos padres que quieren ayudar a sus hijos en su todavía incipiente carrera futbolística. Y quién sabe si acompañarlos también en su carrera profesional. Son muchos años jugando y viendo fútbol. Este tipo de comportamiento no es algo aislado. Es un comportamiento recurrente. Es un *déjà vu*. Y puedo decir que tras ser testigo directo viendo y sufriendo *el antes, el durante y el después* te recomiendo que tengas en consideración este libro. Te animo a que futbolísticamente (o en cualquier otro deporte) trates a tu hijo en "tercera persona". Con toda la literalidad y frialdad de la expresión. Te irá mejor y, sobre todo, le irá a mucho mejor a tu hijo. Comportarse así requiere su tiempo. Cierto. Necesita entrenamiento. Verdad. Pero es la conducta adecuada. Ahora sólo queda que la pongas en práctica. Adelante.

Twitter: PaulFraga

www.futbolydineroresponsable.com